AF428651

CANTO A MI CABEZA LOCA

(Dinámica del cuerpo)

CANTO A MI CABEZA LOCA

(Dinámica del cuerpo)

Claudette Betancourt Cruz

1era edición, Miami, 2021

ISBN: 9798713690489

Edita: Editorial Primigenios
Miami, Florida.
Email: editorialprimigenios@yahoo.com
https://editorialprimigenios.com

Edición y maquetación: Eduardo René Casanova Ealo

CON UN DURO FILO DE ATAR

En este libro, *Canto a mi cabeza loca (Dinámica del cuerpo)*, la joven y laureada escritora avileña, Claudette Betancourt Cruz, nos brinda sus poemas. De ríspidas y agudas aristas filosóficas, mechados con reminiscencias del cristianismo, en los que aborda los temas más consustanciales y cotidianos. Acompañada por su demonio que, según nos dice, /llegó un día/o tal vez/siempre estuvo ahí.

Con festinadas maneras de trabajar o eludir los signos de puntuación, Claudette desarrolla los poemas de modo muy personal. Ellos convidan, en su ritmo, a una específica lectura, impidiendo cualquier otra que no sea la sugerida. Estructurándolos en tres partes, cada una sin subtítulos, y precedidas con versos de la autora, a manera de exergos y pórticos de las respectivas secciones.

Si unimos los tres exergos o pórticos, en posibles caracteres de palíndromos o palimpsestos, armonizan un poema; proporcionándole al libro nueva unidad, con revelador y original sentido, un tanto inédito, que configuran su carácter total. Para captar esas sinuosidades es imprescindible darle al poemario varias lecturas detenidas, en las que el posible lector se torna colaborador o coautor.

En el todo de este poema, que se amolda con los versos de los exergos o pórticos, podemos ver manifiestos ejemplos que confirman mis consideraciones sobre el poemario: *En el brocal de un pozo muy oscuro/hallé una vez a mi cabeza loca/ se pintaba los dientes con un duro/filo de atar. Le dañaba la boca. / Yo le decía a mi cabeza. Vente/vente al loquero, que te veo tensa/no debe decir donde oiga la gente/una cabeza todo aquello que piensa. / Puede matar a las cabezas eso/de ser en todo tiempo tan sinceras/deben ser pródigas en materia de beso/ como auténtica lengua de rameras. / Y si algo duele o sientes malestar/Di 20 veces la palabra Callar.*

Y más de 20, veintitrés, son los títulos o encabezamientos de las singulares estructuras con que esta cabeza loca se pinta los dientes, con su duro filo de atar.

Juan Francisco González-Díaz

La cabeza como centro de poder, como continente del pensamiento y la ideología, la creatividad. Aquel que posee las cabezas, puede por tanto, controlar al hombre y la cabeza que se rebela ante el poder, puede a su vez ser eliminada, por lo que cualquier enfrentamiento puede significar un desafío al instinto de supervivencia o al bienestar y la tranquilidad personal, y por lo tanto, locura. La libertad como fuerza que hace posible este desafío, amén del peligro.

Por este camino de esencias como la libertad y el poder se mueve *Canto a mi cabeza loca (Dinámica del cuerpo)*, en un constructo formal y lingüístico, en el que el lenguaje remite a la personalización de las diferentes partes del cuerpo, a las que se les otorga vida propia, en una estética del desmembramiento. A través de estos signos, se expresa el cuerpo poemático, en un sujeto lírico que presenta la batalla, sabiéndose sometido, pero no muerto. Estas significaciones formales, dan voz al concepto, en un entramado formal y conceptual no ingenuo, ni fortuito, creado para hablar también desde el plano formal.

El poemario busca estimular el pensamiento; siendo su motivo un elemento como la cabeza, son poemas con alto contenido cerebral, sin dejar a un lado elementos emotivos, creyendo al ser humano un complemento indisoluble de ambos entes. Un poemario que busca expresar además, de manera estética y disfrutable, sus planteamientos y disquisiciones y a esto enfoca su uso y experimentación del lenguaje, en un recorrido sensorial y lúdico a través de este. No deja de lado tampoco, la búsqueda de la belleza.

El sujeto lírico parece dispuesto a *no dejar toda esperanza* ante la infernal puerta, parece establecer un viaje singular entre el camino del infierno que provoca el intelecto, y la liberación, una liberación que no incluye la dejadez, y que puede no incluir la levedad.

CLAUDETTE BETANCOURT CRUZ

*En el brocal de un pozo muy oscuro
hallé una vez a mi cabeza loca
se pintaba los dientes con un duro
filo de atar. Le dañaba la boca.*

ARRASTRO ESTA PIEDRA,

no por una montaña,

no hacia la cima de una montaña,

no la arrastro y vuelve a caer

sino que va dentro de mí.

Yo soy la piedra.

Lento, lento es mi paso de piedra en el abismo,

en las claustrofóbicas aceras,

lento y triste,

porque aprendí a pensar y mi alma

                    se volvió una piedra.

Maldigo las hojas que comí

                    del árbol del bien y del mal,

del árbol del conocimiento.

Pensar es una maldición,

odiar lo oscuro es una maldición,

amar un pájaro que vuela, una araña que vibra,

el polvo brillante que vuela sobre el aire.

Odiar la burla, el escarnio, la fauna sin alas,

odiar el amor a la contienda por hastío,

la contienda que llega

a hacerme olvidar el peso de la piedra,

es una maldición.

A veces la piedra desvanece su peso,

                se desmorona, se extingue,

y entonces: llega a morar en mí el insípido,

                el frustrante, el mortal vacío

y vuelvo a amar el peso de la piedra.

AQUÍ ESTA MI CABEZA

Cuenta hasta tres

Uno dos tres

respira

y al agua

Sumérgese

en la laguna mi cabeza

Aguanta

Cuenta hasta 20

Uno dos tres

hasta 20

Sale del agua colorada

mi cabeza

La reina la mandó decapitar

y ella se esconde

profundo

en la laguna

Cuenta.

EN UN ZINC

        cualquier cosa suena en un zinc,

                una piedra,

hasta la mullida pata de un gato,

pero mi cabeza rodando decapitada, no.

PASA EL TIEMPO
                    y los ojos no despegan

El suelo se levanta

deja los ojos gachos

a ras de sí mismo

a ras del suelo

No hay chispa debajo de los ojos

no se arrastran al cosmos sobre una llamarada

más bien suelen cerrarse un poco cada día

más bien suelen ver menos cada vez

y sucios como están

                    no distinguen los fuegos de colores

y ya se acostumbraron casi a languidecer

en parte eso también es madurar

les dice el suelo

Los ojos se entornan

se entreabren

miran a ningún lado

no despegan

El suelo es posesivo con los ojos
cree que ellos son su propiedad
El suelo colecciona catálogos de ojos
que sin duda alguna
no pueden despegar.

MI DEMONIO Y YO

La locura es a veces dulcemente sórdida

me abraza,

me ata,

me muele,

y me olvido del ansia de la luz

y me olvido de la luz

hay un demonio aquí muy dentro

llegó un día y lo espanto

llegó un día y le ruego:

Vete

pero no se va

en cambio crece

en cambio veo

su pelo pasar de lanilla

a esperpento

sus uñas

antes eran

filosillas

como una cortada

ahora son

simplemente agujeros

agujeros enormes

llegó un día

o tal vez

siempre estuvo ahí

no lo sé

sin embargo ahora escribo mejor, creo

la posesión de este demonio

me pone en disyuntiva

la luz era tan buena

la luz me componía

el demonio y yo

y esta especie de rollo sado-maso.

Me chantajea,

hurga en mí

ha llegado a tocarme sin permiso

y me gusta

pero no pasa de ahí

lo nuestro no es algo tanto así sexual

sino de apetencias

pero apetencias todas

apetencias

en un sentido general

algo de devorar

y de sogas y eso.

Mi demonio habla por mí a veces

y la gente se asusta

y le digo: No, por favor

no me hagas eso,

la locura es a veces dulcemente sórdida.

ARANDELAS

engranajes

tuercas y tornillos

circuitos

cierres

complementos

propician

movimiento

vida de la máquina inerte

Mecanismos

de no ser perfectos

quebrarían la fragilidad

del movimiento

De no encajar cada uno

en su debido sitio

bloquearían el milagro

de la vida.

EL CICLO SUEÑO-VIGILIA DE LAS GALLINAS

y otras aves de corral

resulta interesante.

Trepan a la rama disponible

al albor de la tarde

y descienden a los primeros rayos del sol,

esto responde a un factor evolutivo

hay muerte en la oscuridad

les dice su instinto

en la luz del día estoy a salvo

vuelve a decirle.

Con lo que no cuenta

su instinto evolutivo

es con las manos ávidas

del campesino.

Esa es quizás una muerte adquirida

que planifica su futuro

más allá de cualquier intuición.

No es de imaginar, para las gallinas

que el dador del maíz

pueda un día matarlas,

no es de imaginar

que el alimento fácil

tenga precio de muerte.

Sin dudas a su instinto escapa la verdad.

La cadena alimenticia marca nuestro futuro

más allá de cualquier árbol disponible y salvador.

¿CÓMO SERÁ cuando eliges el pálpito y la flor?

Ya te lo digo:

Es terrible.

EL LAGO ES PROFUNDO SEGÚN

la intensidad de su verde

difusas formas parpadean dentro

peces hojas ramas piedras

frutos escapados de lo alto de los árboles

que salieron volando a lo profundo del lago

y jamás volvieron a las copas

el lago es transparente según su hondura

el verde fuerte es señal

de inmensidad hacia abajo

de infinita profundidad

desconocida

cuando llueve es turbia el agua de los lagos

cuando hay tormenta

hasta el agua más clara

se ensucia y se entristece

y no muestra su fondo

ni sus peces y piedras

en ocasiones

los peces más brillantes y bellos

se encuentran en los lagos más hondos,

esos que tienen techo de hojas húmedas

esos que tienen soledad sobre los verdes.

En los más profundos lagos

están las mayores bellezas

y también los más grandes peligros.

HAMBRE

Mientras hablamos de todo un poco

y de un poco en todo

mientras hablamos de los estados del alma

de la confusa metafísica del espíritu

de profundas disquisiciones anímicas y anémicas

de anhelos exquisitos

y sutiles matices de la existencia humana

mientras hablamos de problemáticas

y dilemas

aún irresolutos

con posiciones diversas

y enrevesadas cuestiones

de asuntos enigmáticos

de la irreverencia de las mariposas

mientras hablamos del polen y los unicornios

yo solo puedo pensar

en mi gran hambre

Nunca se habla del hambre de las tripas
ese hambre visceral y poderoso
del que ahora
no hablamos.

Yo le decía a mi cabeza. Vente
vente al loquero, que te veo tensa
no debe decir donde oiga la gente
una cabeza todo aquello que piensa.

CRUZABA LOS TEJADOS aquel día
libre libérrima librísima
mi blusa ondeaba al viento
no había nadie más solo yo y la luz
solo yo y el sol.
Corría sobre los zines asimétricos luminosos,
en uno de esos días de lluvia
frescos fresquísimos
adorables en los que luego sale el sol
la luminosidad era húmeda y tersa,
suavísima,
con la delicadeza de un grácil gato
                    allá a lo lejos en el tejado.
Pequeño y a lo lejos parecía una pintura,
cabeza de gato grácil en el tejado,
se llamaría.
Nombre para la belleza de los tejados
                    que reflejan la tarde
donde yo corro libérrima librísima.

Detrás hay también unos pájaros,
están en el cielo detrás y sobre los tejados,
vuelan.
Los miro. No todo puede ser perfecto.

DICE MI MADRE

Nací en una noche de torrencial y rayos
                        con los ojos muy abiertos,
por eso dice un amigo soy hija de la sorpresa
                        mi madrina es la tormenta
nací en una noche roja fulminante estrepitosa,
dice mi madre que lo miraba todo
                        como si pudiera ver.
Hoy lo veo todo como si pudiera mirar.
El médico llegó empapado
                        de comer algo en su casa
                                    dice mi madre,
luego mira a la gata y al gatico ya grande,
en el tejado,
la madre lo azuza, lo hiere con las uñas,
hasta los animales alejan a sus hijos crecidos
                                    dice mi madre
y me considero un animal más.

MAQUINARIA

Todos los mecanismos bien engrasados
ruedan.

SER SUCIO ES RELATIVO

Todo es relativo

Einstein lo dijo

Hay quien se toma muy en serio la limpieza

sobre todo

la limpieza de afuera

la exterior

Y esa no es tan importante

Jesús lo dijo.

Hedor visceral emana

esta tierra que habito.

Como muchacha hermosa

con los sesos vacíos.

TAJO DISPERSO

Voy a cortar mi cara

de un tajo disperso

de lado a lado

para que mi belleza no sea más un problema

con las personas

que quiero amar

sin sexo

sin líbido

simplemente amar

Voy a rebanar mis dedos

con un cuchillo de pan

luego quemaré mis senos

ambos

para no dejar recuerdo de blancura

porque no quiero pose

de filme americano

porque solo quiero amar

Voy a hacer una hendidura
bastante fea
en mi ombligo
y comeré toda la grasa
porque aquel canon de *willendorf*
ya no está de moda
Así
hendida
violada por mí misma
solo querrá tocarme algún decadentista
amante del morbo y de lo feo
y también
aquella gente
que me quiera realmente
amar.

ME ASOMO delante de mí misma

y oscuro abismo veo

Sé que es profundo

puedo sentir la hondura

palpo la humedad la lejanía de los fondos

No la habito

No la distingo

Es terrible saber el trasiego vertical

frente a tus ojos

y que estos no te sirvan para nada

Instrumento baldío ante lo oscuro

Mis ojos espantados

solo quieren marcharse

Escapar de un peligro

que ni siquiera pueden descifrar

Pero los ojos siguen su naturaleza

no se marchan

quieren ver

Parece ser que a todo se acostumbran los iris

y las pupilas anchas tantean los espacios

De a poco cede la oscuridad

y en la honda grieta

se apresuran mis ojos sobre el abismo.

ARAR EL CORAZÓN

dividirlo en minúsculos surcos

Qué hay más personal

que un corazón

menos masivo

más propio y singular

Arar el corazón

dividirlo en minúsculos surcos

pensar en lo pequeño

individual

Qué hay más individual

            que nuestro propio corazón

Dentro de la masa fervorosa

palpitan inadvertidos múltiples corazones

Acallar el corazón mayor

buscar el propio

Arar el corazón

dividirlo en minúsculos surcos

Un corazón azul

el otro negro

aquel de más allá multicolor

Como en una secuencia microscópica

ir del tumulto al centro

                    de nuestro propio corazón

atravesar la miofibrilla

interpretar el átomo escondido

la partícula oculta

Arar el corazón

dividirlo en minúsculos surcos

Si dentro de un corazón

                    puede haber tantos surcos

cómo vas a decir que soy igual

cómo vas a amoldarme

cómo osas otorgarme el espíritu del clon

Arar el corazón

dividirlo en minúsculos surcos.

Puede matar a las cabezas eso
de ser en todo tiempo tan sinceras
deben ser pródigas en materia de beso

como auténtica lengua de rameras.
Y si algo duele o sientes malestar
Di 20 veces la palabra Callar.

ALGO ARDE

El humo se esparce y enrarece mi nariz,

ahueca los árboles y el pavimento

en una reverberación fantasmal,

        pero lúcida.

La perpetua lucidez de lo real,

porque algo se quema a lo lejos,

        y no sé qué es.

Los corazones se llenan de humo

los ojos se llenan de humo

hay humo lúcido y fantasmal

en los agujeros de mi nariz

en los agujeros de mis ojos

y en los agujeros de mi corazón.

Humo real

porque es algo real

        lo que se quema a lo lejos

lo que crepita cenizoso

lo que ennegrece crepitando

lo que se muere en el quemor

en el crujido del fuego que avanza

que solo trae humo

y solo queda pasto muerto

urdimbre sin matriz

bagacillo sin simiente

que vuela por el viento

recordándonos que algo se quema

junto al humo

que se levanta en el aire,

y es una cosa de locos

el olor a humo

el cielo nebuloso

las ánimas difusas

borrosas las estancias.

Es un humo medio triste y silencioso

que viene con el aire

que se adueña de todo

poco a poco.

Las luces amarillas filtran el humo

y lo hacen ver como algo bello

es de noche y el ambiente

                    se difumina con el humo

las luces filtran el humo y dejan ver un haz de luz

un prisma de niebla luminosa

                    agazapado sobre el aire.

Está claro que se quema algo a lo lejos

lo más importante es identificarlo

arde mi cabeza de pensar qué será:

Una arboleda

Una mano

Algún puñado de voces

Una belleza

El techo de una casa

Algún camino arborescente

Un césped

Unos ojos

Un lápiz

Una estrella.

Este humo nos avisa

                de que se quema algo a lo lejos

y ni siquiera sabemos qué.

HOY DESCUBRÍ

              un nuevo tipo de insecto

no es un insecto común

como esos que muerden

       no transpiran

          dan miedo

             mortifican

                y tienen sangre azul.

No.

Vertiginosos insectos

de ráfaga y picor

molestos bichos negros

que persiguen la luz

endebles mariposas

todas iguales

sin distinción.

Es un insecto

con cierta melancolía en la mirada

así medio roto y azulado

          antiséptico

abiótico

y arrítmico.

Me mira trastornado

como buscando

un instinto maternal en mí

como perdido.

Lo descubrí con la mirada fija

encima de la mesa del comedor

me extrañó pues no resulta muy normal

que un insecto te fije la mirada

por lo general andan revolando

y casi nunca te miran a los ojos.

Era un insecto lánguido

he iluminaba un poco el arroz sobre la mesa.

Resplandeciente el insecto

movía las pestañas

parpadeaba inocente

me miraba

libaba el polvo de arroz

y refulgía.

Aún está aquí

        ahora

no se ha querido ir.

El aromático insecto

relumbra ante mis ojos

como rociado con almizcle,

me mira

se preocupa

indaga con sus ojos

parece preguntar

preguntas que no entiendo

no conozco su lenguaje

y desespero.

No sé cómo un insecto

podría tener tantos conflictos:

existenciales

lumínicos

fluorescentes

si solo se limitan

a correr y morir como locos.

Incandescencia triste
por alada
la de mi pobre insecto alucinógeno
cojo y zigzagueante.
Tal vez fui yo que en otra vida
vine de nuevo a visitarme
lo digo por esa tristeza taquicárdica
que emana su mirada
no somos tan distintos
ninguno de los dos podemos
hacernos entender.

LOS OJOS DE MI PERRO

caminan por mi rostro

enjugan una lágrima,

escarban en el pecho

se esconden en la válvula del corazón,

en la válvula izquierda

hacen

tun tun

tun tun

despiden a mi sangre en viaje por mi cuerpo,

los ojos de mi perro establecen

un alfabeto singular

suplicantes me compran

juguetones me ganan

hieráticos y altivos

me ponen a distancia,

hasta los ojos de los perros

necesitan su espacio

su momento de paz

de soledad,

los ojos de mi perro

tambalean un poco

se cierran y un temblor

me indica su partida al mundo de los sueños,

temprano en la mañana

los ojos de mi perro

me despiertan ansiosos

con la más dulce voz

y yo que los abrazo

y yo que los estrecho

y yo tiemblo al pensar

en que tal vez un día

los ojos de mi perro

no me despertarán.

CUANDO TE CORTAN UNA MANO

para ejemplificar cómo puede

> crecer otra en su lugar

y tú ves que no crece

que la mano no crece

y tú ves el muñón

la cicatriz amorfa

el suelo de tu piel herido

y los años pasan

y la mano no crece

y tú vas a reclamarle

a aquel que te dijo la mano crecería

a aquel que te vendió la fabulosa idea

de la mano creciente

la idea hermosa

lo tuyo jamás tendría fin

en cambio, habría abundancia de manos

e incluso alguien más te donaría una

en lo que crecía la tuya

(porque ya te digo

las manos sobrarían

no serían un problema

en absoluto)

la idea poderosa empoderante

la dorada idea

de la felicidad

que trastocó tu idea de la vida

de trunca a germinal,

pero cuando ves

        que no germina tu mano de una vez

y comienzas a preguntarte

        si no sería cierta aquella idea:

si cortas una mano ya no vuelve a crecer.

Esa idea que desterraron los dadivosos

deconstructores

de ideas preconcebidas

como que una mano

        sí crece una vez que se corta,

y mira ponme tu mano aquí para que veas

como te la corto

y sale otra vez de raíz

compruébalo tú mismo

no yo

para que te convenzas

cambia esas rancias concepciones

esos esquematismos

los mitos que te hacen infeliz,

y cuando vas a reclamarle

                    a quien te dijo todo eso

y le dices

    que mira

        ya van años y la mano no crece

y tal vez era cierto aquello

de que si la cortas

        ya no vuelve a crecer

que por si las dudas

        has esperado años

pero nada

y que es muy difícil vivir sin una mano

y cuando ves que te dice el vendedor de humo

¿pero no ves tu mano, acaso eres tan ciego?

ahí está

en franca terminal de tu brazo

justo debajo de tu hombro

¿ves?

mueve los dedos

¿ves cómo era cierto?

¿que el renacer de una mano cortada

era posible?

y tú no puedes mover nada,

porque no tienes dedos

porque por más que mires

adelante y atrás

con una lupa

y levantes el brazo

solo ves el muñón

y tú frunzas el ceño

cansado

simplemente cansado de ser manco

y con la mano sana

tomes desprevenido a tu interlocutor

en un desliz de esos que no suele cometer

y le cortes no una

las dos manos

y le digas:

Te equivocabas sin embargo

si cortas una mano

salen dos en su lugar

agradéceme ahora:

Te he salvado.

¿HASTA DÓNDE

        puede un hombre conformarse?

¿Puede conformarse hasta el estado vegetal?

¿Hasta respirar y no ver?

¿Hasta que se le caigan las babas?

¿Hasta el infinito?

¿Hasta el cuento de la buena pipa?

¿Hasta dónde y hasta cuándo

        puede un hombre conformarse?

¿Cómo puede un hombre

        creer que la pared es amarilla

si la está viendo azul?

¿Es tonto el hombre?

¿No hay peor ciego que el que no quiere ver?

¿Está cansado el hombre?

¿Vive un engaño el hombre?

¿Hasta cuándo puede un hombre creer

que su comida es copiosa

        cuando no lo es?

¿Hasta que se rompa una muela con el viento?

¿Hasta mañana?

¿Hasta nunca?

¿Hasta los soldados se cansan del hambre?

¿Hasta cuándo puede un hombre

                         sentir que es un hombre

cuando no lo es?

¿Hasta que le corten los testículos?

¿Hasta que borren su acta de nacimiento?

¿Hasta que mutilen a su familia?

¿Hasta cuándo puede un hombre

enfrentarse a batallas ajenas

con una sonrisa en el rostro?

¿Hasta su muerte?

¿Hasta los días de hoy?

¿Hasta ayer?

¿Hasta que la reina diga: córtenle la cabeza?

¿Hasta cuándo puede un hombre creerse

una copia fiel de otros hombres

y ni siquiera saber que tiene un corazón

propio, personal?

¿Hasta que dona el órgano para trasplante?

¿Hasta que recuerda cuánto soñó alguna vez?

¿Sueños personales, propios, como su corazón?

¿Hasta que le gritan muy alto en el oído?

¿Hasta que lo abofetean?

¿Hasta que lloran y se quebrantan,

frente a él?

¿Hasta cuándo puede un hombre no existir?

¿Hasta que desaparezca?

TENGO unos pies peregrinos

que todas las mañanas

salen a soñar

caminan el viento fresco

de las seis de la mañana

se dejan envolver por las hojas

plateadas del amanecer

Yo tengo unos pies danzantes

flexibles buscadores

unos pies enamorados del polvo germinal

unos pies que

sin pedir permiso

suben montañas

espolean caballos

se mojan en los ríos

Unos pies que a veces lloran de lo lindo

contemplando un pez dorado

o la brillante oscuridad de un cuervo

a ellos les da por eso

no hay quien los entienda

los consuelo y me duermo

y salen a pasear

A mis pies les gusta embarrarse de fango fresco

les gusta tomar vino de raíces

                    en tabernas encantadas

mientras convencen a hombres forzudos

de que no hay nada mejor que mirar a la luna

A veces les advierto a mis pies del peligro

de que el mundo no es bueno

y que pueden herirse, tropezar y esas cosas

que sobre todo eso de soñar es peligroso

puede hacerles daño

y me aterra que sufran

No estás enterada me dicen

risueñísimos

(hacen que me sienta algo tonta)

Para nosotros se inventaron las curitas

también está la sal

e incluso el mercurocromo

y si nada funciona

unas hojas de salvia

y como nuevos

Se miran cómplices

salen alborozados

no comprenden

ni por asomo

mi cara de preocupación

Esperan pacientísimos

hasta que el sueño me vence

Mis pies me cubren amorosos

con la manta

me dejan dormida

y mis pies

se van.

Claudette Betancourt Cruz. Cuba (1991). Graduada en Filología Hispánica por la Universidad Central "Marta Abreu" de las Villas (2015). Cultiva la poesía, la narrativa, el ensayo y la crítica literaria. Egresada del XVI Curso de Técnicas Narrativas del Centro de Formación Literaria Onelio Jorge Cardoso. Resultó Finalista en la Beca de Creación: *Caballo de coral*, que auspicia este centro, con el cuaderno de cuentos *Lo inmutable*. Egresada del Curso de Guión de cine, radio y televisión, auspiciado por la Fundación Cultural José Martí. Mención en el *XII Certamen Internacional de Poesía Fantástica miNatura 2020*. Mención Única en el *Premio Nacional Eliseo Diego 2019*. Poemas suyos aparecen en diversas revistas nacionales e internacionales como: *Videncia; Alma Mater* (Cuba); *Bichito*, del Proyecto *Bichito Editores* (Ecuador) y *La Piraña* (México). La plataforma digital de literatura cubana contemporánea *Isliada* recoge una muestra poética suya. Cuentos suyos aparecen en las antologías de literatura infantil: *Vuelos de Colibrí* de la Editorial Gente Nueva; *¡Adelante, Compay Grillo!* de Ediciones Ávila y en la antología de narrativa para adultos: *Dieta Balanceada*, de Ediciones Ávila. Textos suyos de ensayo, crítica literaria y periodismo aparecen en diversas revistas como *La letra del escriba; Islas* y en la página de la *Asociación Hermanos Saíz: Portal del arte joven cubano*. Ha participado por años consecutivos, como poeta, narradora, y anfitriona del Proyecto Literario La Siempreviva, en el Encuentro de Jóvenes Escritores de Iberoamérica y el Caribe, que se celebra en el marco de la Feria Internacional del Libro y la Literatura de La Habana. Coordinadora y anfitriona durante tres años del Espacio y Proyecto Literario La Siempreviva, dedicado al debate y promoción de la literatura.

EDITORIAL PRIMIGENIOS
CORPUS LÍRICO DE UNA NACIÓN

www.ingramcontent.com/pod-product-compliance
Lightning Source LLC
Chambersburg PA
CBHW071355130726
47996CB00002B/943